LETTRE

EN FAVEUR DU POURVOI EN CASSATION

DE

L'ÉVANGILE TOUQUET,

PAR LE BARON D'HÉNIN DE CUVILLERS,

Maréchal-de-Camp, Chevalier de l'ordre royal et militaire de Saint-Louis, Officier de l'ordre royal de la Légion-d'Honneur, Membre de la ci-devant Société royale académique des Sciences de Paris, et de plusieurs autres Sociétés savantes.

> Ils se forgèrent l'idole de l'absolutisme pour l'adorer. Cette divinité terrestre, née de l'arbitraire et de la cruauté, enfanta le servilisme. C'est en devenant trop puissante, qu'elle réduisit en esclavage ses imprudens adorateurs, enchaînés par la morale des intérêts. Ceux au contraire, qui veulent rendre un culte à la liberté, sont égorgés sans pitié, pour assouvir les jalouses vengeances de l'absolutisme : tant il est vrai, que l'intelligence humaine trop bornée n'a pu, jamais encore, deviner le meilleur gouvernement, ni se choisir une religion à l'abri du fanatisme. (L'AUTEUR, page 10.)

PARIS,

CHEZ DELAUNAY, LIBRAIRE, AU PALAIS-ROYAL.

1827.

LETTRE

LE PAYSAN DU RENVOI EN CASSATION

DE

L'ÉVANGILE TOLQUET,

PAR LE PAYSAN D.... AUX CHEVILLES,

le Maréchal-de-Camp, chevalier de l'ordre royal et militaire de Saint-Louis, Officier de l'ordre royal de la Légion-d'Honneur, Membre de la ci-devant Société royale académique des Sciences de Paris, et de plusieurs autres sociétés savantes.

[illegible]

PARIS

IMPRIMERIE DE C. FARCY,

CHEZ DELAUNAY, LIBRAIRE, AU PALAIS-ROYAL.

1827.

LETTRE

EN FAVEUR DU POURVOI EN CASSATION

DE

L'ÉVANGILE TOUQUET.

Paris, le 2 février 1827.

Le Baron D'HÉNIN DE CUVILLERS, Maréchal-de-camp, Chevalier de l'Ordre Royal et Militaire de Saint-Louis, Officier de l'Ordre Royal de la Légion d'Honneur.

A Monsieur le Colonel Touquet.

MON CHER COLONEL,

En apprenant le jugement du procès que vous venez de perdre en seconde instance, à la Cour Royale de Paris, concernant votre Évangile, l'intérêt et l'amitié que je vous porte m'ont fait éprouver un regret d'autant plus sensible que j'étais persuadé de l'illégalité de l'attaque qui a été dirigée contre vous. Il m'est en effet démontré, qu'il n'existe aucune loi en France qui soit applicable au délit, qui vous a été si arbitrairement imputé.

Ce prétendu délit, qui n'a pas été constaté, et qui n'était pas de nature à l'être, ne vous a été reproché qu'au moyen d'une allégation gratuite et dénuée de preuves. Si on a pu qualifier ce délit de *péché mortel*, *par pensée et par omission*, c'est-à-dire, *par intention* et *par suppression*, c'est ce que des théologiens ministres des autels, pouvaient décider. Eux seuls ont le droit de scruter la conscience de leurs pénitens au tribunal de la confession. Je me garderai bien, assurément, de contredire une décision sur cette matière, qui tient au spirituel; mais le prêtre ne peut imposer que des pénitences religieuses. N'a-t-on pas remarqué que toutes les fois que les ministres de la religion chrétienne, toute de paix et de charité, ont voulu infliger des peines temporelles, soit par eux-mêmes (et alors ils étaient tout à la fois juges et parties) soit en irritant les gouvernemens pour les exciter à être les exécuteurs des vengeances sacerdotales, il n'en est toujours résulté, qu'une cruelle et scandaleuse inquisition, véritablement anti-chrétienne. On a vu de nombreux et horribles supplices souiller pendant longtems ce tribunal de sang. Des juges orgueilleux, des prêtres et

des laïcs fanatiques y siégèrent pendant plus
de sept siècles; ils y étaient secondés par l'exal-
tation la plus funeste, des gouvernemens et
des peuples qu'ils avaient eu soin d'abrutir par
l'ignorance. Ces inquisiteurs inhumains, avi-
des d'autorité et de richesses, foulaient continuellement à leurs pieds, la divine morale
de l'Évangile, qui ne prêche que la charité,
l'amour du prochain, l'humilité, la tolérance
et le pardon des injures.

L'inquisition religieuse, qu'une secte dominatrice voudrait à tout prix rétablir aujour-
d'hui; déjà, s'est montrée impudemment depuis
quelques mois à Valence. Elle y a apparu
inopinément sous la forme d'un spectre hi-
deux : on voit bien que c'est d'un *autodafé*
que je veux parler. Ce monstre épouvantable,
cherche à s'élancer dans la belle France et à pé-
nétrer jusqu'à Paris; il y prélude déjà, par des
projets de lois, aussi injustes qu'ils sont absur-
des, qui ne respirent que, haine contre les
sciences et l'industrie et dans lesquels l'absolutisme et l'arbitraire le plus tyrannique et le
plus révoltant se dévoilent sans pudeur.

Ce monstre est toujours altéré de sang humain; mais on ne pourra jamais oublier, qu'il

a trop longtems fait gémir l'humanité. On a encore présent à la mémoire, le nombre des victimes qu'il offrit , par milliers, en holocauste au fanatisme et à la superstition ; on sait combien il en a immolé au fond des cachots, dans les tortures les plus affreuses, et par des supplices raffinés. La description en ferait frémir d'horreur les âmes les plus insensibles, surtout lorsqu'on se rappelle que des brigands en froc et en étole, faisaient brûler en leur présence, à petit feu, sur des charbons ardens, des hérétiques, des schismatiques et des incrédules de tout rang, de tout âge et de tout sexe, en éprouvant une jouissance délicieuse pour eux seuls, à considérer leurs victimes expirantes lentement dans les angoisses du désespoir et dans les convulsions de la mort : c'est ainsi que ces scélérats , travestis en prêtres hypocrites , commettaient les crimes les plus horribles sans remords, sans répugnance, sous le spécieux prétexte de la gloire de Dieu et de l'intérêt de la religion.

Quant à vous, mon cher Colonel, c'est pour essayer de vous défendre des atteintes de ce monstre épouvantable, qui cherche à vous anéantir, que je vais entreprendre de

démontrer jusqu'à l'évidence, qu'indépendamment de votre non-culpabilité, il existe
une grande différence entre un *délit* et une
faute, entre un *crime* contre l'ordre social et
un *péché* (je veux parler de la *plupart* de
ceux que les théologiens appellent *péchés
mortels*).

Examinons donc la nature du délit, qui
vous a été imputé. Quant à moi, je ne puis revenir de ma surprise, lorsque je m'aperçois,
que des magistrats, sans doute intègres et éclairés, aient pu vous déclarer coupable d'un
délit, sur leur simple allégation, sans avoir
constaté un seul fait qui puisse le constituer,
et enfin sans avoir vérifié si ce délit est
spécifié dans la loi qu'ils ont voulu vous ap-
pliquer, si illégalement.

Il faut l'avouer, mon cher Colonel, le *considérant* de l'arrêt *du 26 décembre* 1826, qui
vous condamne à une peine si sévère et si peu
méritée, a été tracé par une main bien mal-
habile, qui semblerait avoir été dirigée par
une influence, dont chacun devinera la source,
s'il veut y réflechir.

Voici le texte de l'article de cet arrêt. *Considérant que la publication de la partie mo-*

rale et historique de l'Evangile, avec suppres-
sion des miracles, et autres faits qui démontrent
la divinité de J.-C, constitue une outrage
contre la religion de l'Etat, etc.

Je ne vois dans ce considérant qu'une simple *allégation*, ainsi que je l'ai déjà dit. Où
est donc le fait qui constitue le délit? Ce n'est
pas assurément un crime d'avoir imprimé un
livre divin sans le falsifier, sans en altérer ni
le texte ni le sens. L'arrêt précité ne fait pas
mention d'un tel reproche; il n'y existe donc
qu'un seul chef d'accusation qui est la *sup-*
pression des miracles et l'intention *supposée* de
les nier. Or, les fragmens d'un bon livre quel
qu'il soit, mais bien mieux encore d'un livre
divin, qui contient les préceptes de la sublime
morale évangélique, qui ordonne de pardonner à ses ennemis et même de prier pour
eux, ne peut jamais produire de désordre dans
l'ordre social, et encore moins outrager la religion de l'Etat. L'arrêt n'a pas osé qualifier
de délit, cette réimpression incomplète de l'É-
vangile, mais il a allégué, que la suppression
des miracles était un délit, un crime, dont il
résulterait que cette suppression équivalait ou
plutôt qu'elle constituait une intention *muette,*

(9)

mais formelle et criminelle, de vouloir outrager la religion de l'état.

Jusqu'ici, la loi n'a pas prononcé que la com-
pilation d'une partie d'un excellent livre, fût un
délit parce qu'on aurait omis d'en publier les
autres parties aussi excellentes. Il n'y a qu'un
médisant qui puisse s'en scandaliser : *Maledicus
scandalisabitur in illis* (Eccles. Cap. XXIII.
Vers. 8). Il faudrait être bien corrompu pour
soutenir une opinion aussi absurde et aussi
injuste, directement favorable à l'établissement de la cruelle inquisition. Du reste, il a
été bien démontré dans le plaidoyer devant la
Cour Royale, que cette partie morale et historique de l'Evangile, n'avait point été falsi-
fiée, ni même mutilée ou tronquée, dans le
sens défavorable qu'on attache ordinairement
aux mots *tronquer* et *mutiler*.

Je n'entreprendrai pas d'entrer ici dans la
discussion, pour prouver que les délits par
pensée et par *omission*, ou, ce qui est la même
chose par *intention* et par *suppression*, sont ici
gratuitement supposés et qu'enfin ils ne sont
pas même susceptibles d'être prouvés ou cons-
tatés. Cette matière a été traitée avec un si
sublime talent par le savant jurisconsulte qui

a défendu *l'Evangile Touquet*, qu'il serait té-
méraire à moi de vouloir revenir sur ce sujet.
L'illustre Barthe a cité avec une grande éloquence le cruel *Néron*, qui, n'osant con-
damner un citoyen pour cause de délit par
pensée ou par *omission*, attendait du moins
un geste pour immoler la victime dont il voulait boire le sang. Cet horrible souverain, qui
dans son cœur féroce, recélait tous les principes affreux, que l'inquisition religieuse a
depuis adoptés et mis en pratique, a été dé-
passé par ce tribunal de sang, qui a réalisé
pendant un trop grand nombre de siècles, les
fureurs d'un gouvernement théocratique.

Qui oserait maintenant, après y avoir réflé-
chi, préférer le *système monarchique absolu*,
au *système monarchique constitutionnel*. Si
les Romains eusssent été assez heureux d'avoir
une charte à l'abri des insultes et des mutila-
tions, ils n'auraient pas eu un *Néron*, ni tant
d'autres empereurs qui furent le fléau de leurs
sujets. Mais les romains, en voulant éviter l'a-
narchie républicaine, tombèrent dans une autre excès. Ils se forgèrent l'idole de l'absolutisme pour l'adorer. Cette divinité terrestre,
née de l'arbitraire et de la cruauté, enfanta le

servilisme, et devenue trop puissante, elle ré-
duisit en esclavage ses imprudens adorateurs
enchaînés par la morale des intérêts. Ceux au
contraire, qui veulent rendre un culte à la
liberté, sont égorgés sans pitié, pour assouvir
les jalouses vengeances de l'absolutisme. Tant
il est vrai, que l'intelligence humaine trop bor-
née, n'a pu jamais encore, deviner le meilleur
gouvernement, ni se choisir une religion à
l'abri du fanatisme.

Une accusation intentée d'après un délit
par *pensée* ou par *omission* n'est donc basée
que sur un sophisme, c'est-à-dire, sur un
raisonnement captieux, qui ne conclue pas
juste, parce qu'il péche dans ses termes et
dans sa forme. Il serait trop long de développer ici et de démasquer ce sophisme dangereux, mais il suffira de dire qu'il péche dans
ses *termes*, parce que le mot *suppression* ne
veut pas dire *intention*. Il péche encore dans
ses *formes*, parce qu'un juge n'a pas le droit de
se porter accusateur sur sa propre allégation,
contre un prévenu qu'on lui a livré pour le
juger.

C'est ici le moment d'examiner avec impartialité, sans préjugé, sans esprit de parti, la

culpabilité qui pourrait résulter de cette *sup-pression* de la partie de l'Evangile contenant les miracles et les dogmes mystiques. On exa-minera également la prétendue *intention cri-minelle* qui en serait la conséquence. En effet, l'intention ou la pensée est un mouvement de l'âme, par lequel on tend à quelque fin. Que cette intention soit bonne ou mauvaise, Dieu seul peut en juger; à lui seul appartient la puissance de nous préserver d'avoir des pen-sées criminelles, ou de nous en punir suivant la profondeur de ses jugemens.

Mais, ici, il faut avant tout juger si le fait non coupable, ainsi qu'il est reconnu, de la réim-pression de *l'Évangile Touquet*, peut nuire à la religion, ou si plutôt, il n'est que le ré-sultat d'une opinion plausible, de simple controverse, qui pourrait être soutenue par les uns et combattue par les autres.

On ne veut pas ici mettre en doute, dans cette discussion, si les Évangiles, sont ou ne sont pas revêtus des caractères sacrés de la vérité et marqués au coin de l'authenticité. Mais, ne doit-on pas se rappeler, que dans les premiers tems de l'établissement du christia-

(13)

nisme, il exista des Évangiles en très-grand
nombre, sur lesquels il s'éleva des doutes fon-
dés, non seulement de la part des différens
sectaires, schismatiques et hérétiques de ces
tems reculés, mais encore de la part des vrais
chrétiens? Si les vérités qui étaient présentées
d'une manière confuse, et mélangées d'erreurs,
ont été suspectées et mises en problême dès
le berceau du christianisme, par les Églises
chrétiennes orthodoxes elles-mêmes, ces doutes se sont perpétués d'âge en âge et ont passé
de bouche en bouche jusqu'à l'époque où
l'Église a fait un choix et a réduit à quatre
le nombre de ces Évangiles.

Si quelqu'un forme le projet de publier
isolément la partie morale et historique de
ces quatre Évangiles, pour en propager les
excellens principes parmi les différentes sectes
chrétiennes, sans risquer de réveiller les doutes,
les soupçons d'erreurs et les disputes sanglantes, pleines de haine, qui autrefois furent
si animée, quel mal peut-on trouver à une pareille entreprise? Pourquoi donc chercher à
renouveler de pareils désordres, à remettre
en présence les unes des autres les différentes
sectes chrétiennes, et à exciter un culte à ou-

trager impunément un autre culte ? Qu'est-
il besoin d'inviter pour ainsi dire chacune de
ces sectes à faire parade de ses croyances hété-
rodoxes ; et ainsi que l'a dit l'éloquent éditeur
de *l'Évangile-Touquet*, dans sa défense (*pag.*
11). » On entendrait le protestant nier la
» présence réelle ; le juif refuser de croire à
» la divinité de Jésus-Christ ; l'anabaptiste,
» rejeter le baptême, le plus essentiel de nos
» sacremens ; le socinien, ne pas ajouter foi
» à nos miracles les plus respectés ; sans que
» personne les inquiète, parce que la Charte
» constitutionnelle et les lois de l'état proté-
» gent leurs erreurs. »

Eh bien ! ce projet d'imprimer l'Évangile
en deux parties séparées, trouve un précé-
dent, car l'éditeur de *l'Évangile-Touquet* a
pris la partie morale dans la collection faite
par *P. Didot* pour le Dauphin, en 1782, et la
partie miraculeuse devait être puisée dans d'ouvrage de *Dom Calmet*, imprimé en 1726.
Pourquoi donc incriminer un projet aussi
simple et lui prêter une *intention* criminelle ? tandis que cette *pensée*, réputée
blâmable, n'est manifestée par aucun acte
extérieur. Quel crime y a-t-il donc de

(115)

réimprimer un ouvrage de P. Didot, qui a été
publié il y a quarante-cinq ans ?

Ce procès, si imprudemment intenté contre
l'Évangile-Touquet, nous force à rappeler
que les *manichéens* qui, dans la primitive É-
glise, formaient une réunion de chrétiens plus
considérable peut-être que celle des chrétiens
orthodoxes, rejttaient tout le nouveau testa-
ment, comme faux et corrompu; ils en avaient
un autre essentiellement différent, soit pour
les faits, soit pour la doctrine. Ces mêmes manichéens que Saint-Augustin a réfutés, soutenaient que les Évangiles ne parurent que
quelque tems après la mort des Apôtres; qu'ils
furent composés par quelques écrivains obs-
curs qui ne croyant pas leurs noms assez impo-
sans, pour prêter à ces narrations un coloris de
vérité et d'authencité y placèrent le nom imposant des Apôtres. Ils prétendaient encore que
ces livres apocryphes étaient pleins de contradictions et de faux récits, indépendamment des
altérations inévitables provenant de l'inhabi-
leté des copistes, et qu'enfin, l'erreur, guidée
par l'esprit de parti, déchirait d'une main
les feuillets de l'histoire, et de l'autre, y subs-
tituait des faits altérés ou fabuleux.

Les actes des Apôtres furent longtems
niés par les *Corinthiens* orthodoxes et par les
Maréconites. Quant aux *Eucratites*, et aux
Sévérians, ils n'admettaient aucune des épîtres
de *Saint Paul.* Si on consulte *Saint Jean-
Chrisostôme*, ce père de l'Église célèbre, on
verra dans une de ses homélies qu'il fait cet
aveu important, que de son tems, environ
quatre siècles après Jésus-Christ, non seulement l'auteur et le compilateur des actes des
Apôtres, mais ces actes eux-mêmes, étaient
inconnus aux Églises.

Les *Valentiniens* et quelques autres sectes
de chrétiens, accusaient nos livres saints, de
contradictions, d'erreurs, de faux et d'impostures. Les *Ébionites* soutenaient que les épîtres de *Saint Paul* avaient été fabriquées par
un imposteur.

Tous ces faits ne sont point hasardés, ils
sont tirés des Pères de l'Église, ils sont aussi
consignés dans *Eusèbe*, *Origène* et *Irenée.*

Sans vouloir élever le moindre doute sur la
vérité et l'authenticité des livres saints, en général, et des quatre Évangélistes en particulier, on ne peut disconvenir que les anciens
manuscrits des livres saints et surtout des

Évangiles au nombre de cinquante à soixante et plus, tous différens, étaient remplis d'une infinité de falsifications. Chaque secte en forgeait pour défendre ses croyances et ses principes. On doit se rappeler encore avec quel entêtement, un grand nombre de chrétiens crurent longtems à l'authenticité supposée, du procès-verbal en original, de la mort de Jésus-Christ par *Ponce Pilate*; et de la lettre authographe de la *Sainte Vierge* à *Abdegare* roi d'Edesse. Toutes ces pièces étaient forgées à plaisir, et l'Église elle-même les a enfin rejetées.

Les hérétiques, sans doute, n'adoptèrent autrefois que des Évangiles que nous rejetons, et l'autorité de ces hérétiques n'est d'aucun poids pour nous, à l'égard des livres saints adoptés par l'Église orthodoxe. Mais il n'en est pas moins vrai, que les discussions au sujet de l'authenticité des Évangiles et autres livres saints, produisirent des discordes, des haines, des persécutions et des supplices, dans lesquels les hérétiques furent les plus maltraités. Il serait bien fâcheux assurément de voir renaître des procès et des punitions sévères au sujet

2

de l'Évangile qui prêche la paix et la charité. Si les procédures à l'égard des livres
saints venaient à recommencer, il serait
injuste d'empêcher les discussions qui ten-
draient à prouver, que des chrétiens orthodoxes ont eux-mêmes falsifié l'histoire en insé-
rant, entre autres dans Joséphe l'historien, un
passage frauduleux sur Jésus-Christ, ce qui a
été démontré. On a encore prêté bien gratuitement à *Celse*, philosophe de la secte d'*Épicure*,
qui vivait au deuxième siècle, un aveu des miracles de l'Évangile, tandis que cette assertion
débitée par beaucoup de chrétiens a été prou-
vée fausse jusqu'à l'évidence. On sait au contraire que Celse qui était un payen, s'exprimait
bien différemment, ainsi qu'on peut le voir
dans la réfutation de ce philosophe par *Ori-*
gène, où il est dit que Celse, en parlant des
chrétiens, s'exprimait ainsi qu'il suit: « Vos
» ancêtres, peu délicats sur le mensonge, insé-
» rèrent hardiment bien des choses dans les
» écrits du *Christ*, qui ne cadraient aucune-
» ment avec ses maximes (on voit ici que
Celse paraissait au moins approuver la divine
morale de l'Évangile); puis il continue : «Cela
» n'est point étonnant, puisque j'ai prouvé

» plusieurs fois que la plupart des Évan-
» giles n'avaient été écrits ni par *Jésus-*
» *Christ*, ni par ses Apôtres; mais qu'après
» leur mort, plusieurs imposteurs, ramassè-
» rent des rapsodies et des contes qui cou-
» raient par la ville et dont ils firent un roman
» qu'ils publièrent sous le nom des Apôtres
» ou de ceux qui leur succédèrent. C'est ainsi
» que des erreurs et des mensonges passèrent
» à la postérité, à l'abri et sous des noms vé-
» nérables. » (*Origène contre Celse, 1 et 2*).
On voit du moins ici que ce payen semble
honorer la mémoire de Jésus - Christ et
de ses Apôtres, dont il dit que les noms
sont *vénérables*. Cette réfutation de *Celse*
par *Origène* est également rapportée par *Eu-*
sèbe, par *Baronnius*, par *Volaterran*, par
Gassendi, etc.

Je ne suis entré dans de pareils détails, que
pour prouver en faveur de l'éditeur de *l'É-*
vangile Touquet, que ce n'est pas un crime
par *pensée* et par *suppression* d'avoir peut-
être fait une bonne action, en imprimant sépa-
rément la morale de l'Évangile; car si le *philo-*
sophe Celse avait pu lire un *Évangile Tou-*
quet in-32, *partie morale et historique*, sans

y rencontrer des miracles et des mystères, il est possible qu'il eût exprimé avec moins de réserve, sa vénération pour la personne et les maximes du fils de Dieu et de ses Apôtres. Il n'aurait pas été excité à proférer des impiétés, contre les miracles, qu'il traite de rapsodies et d'impostures.

Les juges qui ont condamné si légèrement l'éditeur de l'Evangile Touquet seraient-ils donc capables de punir le délit de sortilège ? C'est ce que je ne pense pas; mais il est à craindre que, si les principes et l'influence, qui ont dirigé le réquisitoire et l'arrêt du 26 décembre dernier, faisaient de plus grands progrès, nous ne soyons pas longtems sans revoir brûler des *sorciers* en place de *Grève*.

L'opinion qui consisterait à croire qu'on peut sans crime d'outrage à la religion de l'état, imprimer l'Evangile en deux parties séparées, soit morale, soit miraculeuse, pourrait donc maintenant paraître susceptible de rentrer dans le domaine des discussions théologiques, politiques, philosophiques et morales; elle ne serait plus de nature à servir de prétexte à l'établissement d'une espèce d'inquisition religieuse.

Qn'on ne croye pas que je veuille justifier ici toutes les conséquences les plus op-
posées entr'elles, d'une pareille opinion ;
mais je dirai qu'en imprimant l'Évangile
sans les miracles, on a eu pour but de propager
la divine morale évangélique parmi tous les
peuples de la terre et de là placer entre les
mains de tous les hommes indistinctement, de
telle croyance religieuse qu'ils puissent être.
C'est un moyen de ne pas exposer le livre divin
à essuyer des critiques étrangères à la morale.
En agir autrement, ce serait exciter l'incrédu-
lité et l'athéisme à révoquer en doute les miracles surnaturels racontés par nos saints évangélistes, et à tourner en ridicule les mystères
sacrés qui sont la base de la religion de l'état.

Cette opinion, dans le sens qui vient d'être
présenté, pourrait être combattue et blâmée ;
mais on le demande, celui qui l'aurait émise,
serait-il criminel, mériterait-il d'être traduit
en justice et condamné suivant la rigueur des
lois ? Non sans doute, puisqu'en France il
n'existe encore aucune loi qui ait spécifié
comme un crime, le délit par *pensée* et par
omission ou par *intention* et *suppression*, et
surtout lorsqu'il s'agit de la foi aux croyances

religieuses ; je vois au contraire , dans l'article VIII de la Charte constitutionnelle de 1814, qui nous a été octroyée par
Louis XVIII, de glorieuse mémoire : *Les
Français ont le droit de publier et faire imprimer leurs* opinions, *en se conformant aux
lois qui doivent réprimer les abus de cette liberté.*— Or, l'Evangile Touquet n'a reçu de la
part même des juges accusateurs, aucun reproche de la nature de ceux indiqués dans
l'article de la charte que je viens de citer.

Il est maintenant bien démontré, qu'il n'y a
aucun délit à publier une partie de l'Evangile
comme une instruction purement morale, qui
ne peut nuire à aucune religion et qui pourrait devenir très-utile, pour accélérer les progrès de la civilisation parmi toutes les nations
de notre globe et disposer les hommes en général, à recevoir des principes et des dogmes
d'une perfection encore plus relevée. La morale divine de l'Evangile ne présente-t-elle
pas un recueil imposant des préceptes purs les
plus conformes à la sagesse, à la raison, et à
l'intérêt général et particulier de chaque in-
dividu? ce recueil précieux servirait à prouver
à toutes les croyances de la terre, que la reli-

gion chrétienne est la seule dépositaire d'un faisceau de morale le plus complet, et qui contient les élémens de toutes les vertus sociales qui peuvent assurer le bonheur du genre humain. Sans la morale, la civilisation ne peut se développer; n'est-ce pas alors une bonne action de mettre l'Evangile à la portée de tous les esprits, et de prouver aux incrédules et même aux païens, que les conquêtes de la raison et de la vérité ne peuvent s'obtenir qu'en mettant en pratique les principes et les doctrines de nos saints Evangiles?

De telles opinions, sans doute, ne sont pas blâmables comme celle du Père *de la Condamine*, jésuite, qui a dit en chaire qu'il était douteux que J.-C. fût l'auteur de l'Evangile. Cette assertion indécente de la part d'un prêtre, dans la chaire de vérité, ne pourrait être expliquée qu'en alléguant que J.-C. n'aurait pas tenu la plume pour écrire et rédiger les préceptes de l'évangile dont il était l'auteur et qu'il dicta à ses apôtres, ni pour raconter les miracles surnaturels qu'il opéra par sa puissance divine.

Un autre jésuite, le Père *Théophile Raynauld*, a été encore plus irrespectueux envers le Symbole des Apôtres dont il a eu l'audace d'imprimer et de publier une censure virulente en 12 articles, dans lesquels, en présentant nos mystères religieux les plus sacrés, dans un sens équivoque et absurde, il se permettait de soutenir que toutes les propositions du Symbole étaient *impies*, *blasphématoires* et *hérétiques*. Le but de ce disciple de Loyola, était de déjouer la censure que l'archevêque de Paris, Messire *de Gondy*, avait lancé conjointement avec 34 évêques français contre les doctrines infâmes de deux jésuites anglais. Ce Père Raynauld voulait prouver par là, que si on peut critiquer et censurer le Symbole des Apôtres, on avait pu également censurer à tort les ouvrages des jésuites.

Mais laissons là ces infâmes, on les a suffisamment démasqués et convaincus d'avoir su jouer toute espèce de rôles, et d'être sans conscience, sans bonne foi, et de se faire *tout à tous*. Ce sont les pharisiens de nos jours, ce sont des murailles blanchies et des hypocrites qui se jouent de la religion et ne la considèrent que sous le rapport d'un moyen politique pour dominer et se faire obéir. Ils font les dévots avec les vrais dévots et mystifient les faux dévots, ils abusent des simples d'esprit qu'ils fanatisent et qu'ils rendent superstitieux en les abrutissant par l'ignorance. Ils sont athées avec les athées, et pratiquent tous les cultes chez les Indiens et les idolâtres, lorsqu'ils le croyent nécessaire pour leurs intérêts; ils n'exigent pas toujours de leurs prosélites de croire en Dieu, mais ils veulent qu'on se soumette de gré ou de force à des pratiques religieuses. Ils vous disent en quelque sorte: Imitez-nous, soyez hipocrites comme nous, pourvu que vous exécutiez nos volontés avec une obéissance purement passive ; n'ayez d'autre conscience que celle que nous vous prescrirons, car notre conscience est variable suivant les intérêts de la religion; mais on doit plutôt dire selon les intérêts de la société de jésus. En effet, le sublime du système théocratique de cette compagnie de tartufes, d'intrigans et de scélérats est de vendre chèrement une haute protection, et de se procurer des richesses par toutes sortes de moyens, mêmes illicites et criminels.

Tels sont, mon cher colonel, les terribles adversaires qui vous ont suscité un procès qui a tous les caractères de l'inquisition, et au

moyen duquel ils espèrent assouvir leurs vengeances et satisfaire la haine implacable que
leur a inspirée votre *Bibliothèque populaire*.
Depuis longtems ils vous épiaient ; et enfin, ils
ont cru trouver l'occasion de se venger du
crime impardonnable que vous avez commis ;
celui de vouloir instruire et éclairer le peuple,
malgré les jésuites et le parti prêtre, qui s'y
opposent de tout leur pouvoir. Si vous étiez
en Espagne , il y a longtems que vous auriez
été expédié dans un *autodafé*, mais à Paris les
apostoliques français se bornent à une petite
guerre inquisitoriale. C'est en attendant les
grandes exécutions sanguinaires, qu'ils veulent
bien se contenter de vous emprisonner et de
détruire votre fortune et celle de votre famille.

Ne perdons pas de vue un seul de vos
moyens de défense, mon cher colonel ; car si
un rigoriste ultramontain persistait à soutenir
que la publication de votre Evangile est au
moins un péché mortel, par *pensée* et par
omission, ou par *intention* et par *suppression*,
ainsi qu'il a été déjà dit plus haut ; eh bien !
qu'en résulterait-il ? une attaque non fondée ,
des plus injustes , et ayant le caractère d'une
odieuse inquisition.

Vos juges, mal conseillés et mal inspirés ,, ont mis *la main à l'encensoir*, en jouant à votre égard, mon cher camarade, le rôle de prêtres qui, seuls, ont le droit de scruter la conscience de leurs pénitens; mais unique-: ment avec des vues charitables, et, avec l'intention et le pouvoir de pardonner et d'absoudre, si le pécheur, avoue franchement sa faute et s'il en témoigne un sincère repentir. C'est en cela que le droit de scruter la conscience des hommes est, pour les bons prêtres, un ministère tout de paix et de charité.

Vos juges, au contraire, mon cher colonel, en se transformant en théologiens et en se, mettant à la place du prêtre, se sont avancés dans une fausse position qui les a conduits, comme malgré eux, à manquer essentiellement à la charité chrétienne, et par conséquent à outrager l'Evangile qui en prescrit la pratique. Ils n'ont pas agi en vrais chrétiens, puisqu'ils se sont arrogés un droit qu'ils n'avaient pas, celui de scruter votre conscience, c'est-à-dire, de vous prêter une mauvaise intention et de se porter accusateurs dans le dessein non de vous absoudre, mais pour vous déclarer coupable et pour vous perdre. En effet, en leur qualité d'or-

ganes de la loi, ils n'ont pas le droit de pardonner. Ils vous ont donc condamné impitoya-
blement en montrant de l'animosité, car ils
ont renchéri sur la sévérité du premier jugement, ce qui est un des caractères des jugemens inquisitoriaux, qui toujours sont diri-
gés par un esprit de parti. Il est en outre bien
prouvé, et je le répète, que le délit qui vous
a été imputé par vos juges accusateurs, n'est
pas spécifié dans la loi du 25 mars 1822, qu'ils
vous ont si injustement appliquée.

On dira peut-être, qu'il existe une loi de
tendance qui accorde aux juges un pouvoir
discrétionnaire et leur donne la faculté d'ap-
précier *le mauvais esprit d'un journal ou d'un
écrit périodique, résultant d'une succession
d'articles, qui serait de nature à porter atteinte.... au respect dû à la religion de l'état....*
(V. l'art. 3 de la loi du 17 mars 1822.)

Mais ici, indépendamment de ce que cette
loi n'est relative qu'à la police des journaux et
écrits périodiques, elle ne donne point au
juge le droit d'accuser sur une simple allégation, les journaux ou écrits périodiques, d'a-
voir un mauvais esprit ou de mauvaises intentions ; il faut que cette accusation soit appuyée

sur des faits, c'est-à-dire sur une succession
d'articles susceptibles de présenter un sens
blâmable et criminel, ou même équivoque,
ces articles peuvent donc devenir autant de
faits qui serviraient à constituer un délit, car
la loi ne reconnaît de délit que sur un fait.
L'accusation qui dériverait de ces articles dé-
noncés par le ministère public, ne donne pas
aux juges le droit de prononcer la culpabilité
d'après une simple allégation, mais bien par
une interprétation plus ou moins sévère, plus
ou moins fondée, et autorisée par la loi.

Dans l'arrêt qui vous condamne, mon cher
Colonel, vos juges n'ont allégué contre vous
aucun fait criminel, ils n'ont donné aucun
effet rétroactif à des faits antérieurs qu'on
désirerait vous reprocher, pas même à vos
in-32, car il n'existe aucune loi qui ait déclaré
que ce format fût séditieux ; mais ils se sont
portés dans votre procès, tout à la fois accusateurs et juges, puisqu'ils n'avaient pas le
droit de prouver ni de constater votre prétendu *péché* par *pensée* et *omission* ou *sup-*
pression. Vous devez donc les remercier encore de leur clémence, dans le choix de la loi
qu'ils vous ont appliquée. Car, s'il en était

une, portant la peine du *bûcher* pour délit de la presse, vous seriez, mon cher Colonel, brûlé vif, sur des charbons ardens ; tandis que vous en serez quitte pour neuf mois de prison et cinq cents francs d'amende, sans compter les frais du procès et la perte de votre brevet de libraire.

En effet ce n'est pas tout, mon cher Colonel, il est encore une autre loi, que le respect m'empêche d'appeler *abusive* et *inquisitoriale*, puisqu'elle n'est pas appliquée par les tribunaux et que l'effet en est arbitraire. Oui, mon cher camarade, vous êtes cruellement menacé d'un surcroît de punition, que vous subirez indépendamment du jugement qui vient d'être prononcé contre vous; et cette punition en est la conséquence.

La loi destinée à vous ruiner de fond en comble par la perte de votre brevet, est présentement suspendue sur votre tête, comme autrefois une épée menaçante fut attachée à un fil délié, par ordre d'un tyran, au dessus de la tête de *Damoclès*. Je veux parler de la loi *du 20 octobre 1814. Titre II. Art.* 12. Elle s'exprime en ces termes: *Le brevet pourra être retiré à tout imprimeur, ou libraire, qui* qu'il a été convaincu, par un jugement, de contravention aux lois et réglemens.

L'application de cette terrible loi vous laisse encore dans l'incertitude, car la révocation du brevet en est une conséquence, et, diplomatiquement parlant, elle est une *clause secrète* de la condamnation. C'est un piège tendu par la loi, à laquelle on fait jouer un rôle qui est indigne du caractère des lois. Dans le procès actuel, cette clause semble annoncer que les délits de la presse ne sont jamais assez punis, aussi l'application de cette loi est-elle confiée à la police de la librairie. Malheur à vous, mon cher Colonel, si cette bénigne administration était par hazard sous l'entière domination et exploitation directe d'une secte impie et dominatrice qui est l'héritière et la dépositaire trop fidèle des traditions et des principes de cette cruelle inquisition religieuse, si implacable dans ses vengeances et qui ne sut jamais pardonner!

La loi que je viens de citer est d'autant plus rigoureuse, qu'elle prolonge vos angoisses, mon cher Colonel, par la crainte d'encourir une peine encore plus sévère et en vous laissant ignorer toute l'étendue des malheurs qui vous sont réservés : mais aussi, après vous être distingué dans la carrière militaire, pourquoi vous avisez-vous de consacrer vos loisirs à cultiver les sciences et à propager les lumières dans votre belle librairie du passage Vivienne. Vous ne savez que trop, combien la secte ultramontaine et le *parti prêtre*, c'est-à-dire les mauvais prêtres, font d'efforts pour éteindre et arrêter le progrès des unes et des autres, et pour étouffer et poursuivre tous ces maudits *in*-32.

Cependant, rassurez-vous, mon cher Colonel, et pardonnez-moi les expressions dont je viens de me servir. Elles vous paraîtront peut-être trop légères dans une cause aussi grave ; mais je ne me les serais pas permises, si je n'étais pas intimement convaincu de l'heureuse issue que doit infailliblement obtenir votre pourvoi en cassation.

Vous ne serez donc pas brûlé vif, mon cher camarade, ni plongé dans une obscure prison, ni ruiné de fond en comble, ni menacé de l'épée du tyran de Syracuse. Les lumières, l'impartialité et l'indépendance de la Cour de cassation, sont des garans infaillibles qui justifieront complettement mes prévisions sur le

succès de votre pourvoi, j'ai d'ailleurs, malgré
la faiblesse de mes raisonnemens, démontré
jusqu'à l'évidence que vos juges

1º N'avaient pas le droit d'être vos accusateurs, sur une simple allégation dénuée de
preuves ;

2º Que le délit qu'ils vous ont imputé, n'est
point constaté et n'était pas de nature à l'être ;

3º Que dans l'arrêt du 26 décembre dernier, qui vous condamne, il y a eu fausse application de la loi du 25 mars 1822 , dans laquelle votre prétendu délit n'est mentionné
ni spécifié en aucune manière.

Je conclus en répétant un principe incon-
testable, *que tout ce qui n'est pas défendu
par la loi est permis ;* vous êtes donc entièrement justifié du délit qui vous a été imputé ;
et puisque vous en avez appelé à la Cour de
cassation, vous allez y être acquitté.

N'en doutez pas, mon cher colonel, cet auguste tribunal, indépendant et tutélaire, est le
régulateur de la justice ; il s'apercevra bien-
tôt de l'erreur qui a dicté l'arrêt d'une Cour
qui n'est pas assez indépendante pour repousser toute espèce d'influence, qu'auraient pu
produire des préjugés plus ou moins invé-

térés. Cet arrêt présente enfin un caractère inquisitorial, qui répugne à nos mœurs et à notre
législature. Ce caractère y a été imprimé par
je ne sais quelle fatalité ; il n'est pas même en
harmonie avec la religion *chrétienne et évangélique*, sans laquelle la religion *catholique
apostolique et romaine* n'est rien. C'est cette
réunion indispensable de tous les saints attri-
buts que je viens de nommer, qui constitue
la vraie religion, qui est la *religion de l'État*.

Les religions en général, se composent de
principes, de dogmes et de mystères révélés.
Quant aux principes, ils contiennent la morale
et ils peuvent appartenir à tous les peuples de
la terre ; quant aux dogmes et aux mystères ,
chaque religion adopte ceux qui lui sont
particuliers.

La *charité chrétienne*, renferme tous les
élémens de morale, qui constituent les principes de notre religion d'état, et qui, réunis avec
des dogmes et des mystères, forment la religion
chrétienne, catholique, apostolique et romaine.

La sublime *charité chrétienne* est un point
de ralliement, autour duquel tous les chrétiens doivent se ranger, se taire, et prier pour
leurs ennemis. Ils doivent également implorer

la divinité en faveur des incrédules, afin qu'ils en obtiennent la foi; car la foi ne dépend pas de nous, c'est un don de Dieu.

La *charité*, c'est l'amour de la *sagesse*, de la *justice* et de la *raison*. Ces trois dernières dénominations se confondent dans la *charité* qui est une vertu divine, si rare aujourd'hui et si méconnue par *l'infâme société de Loyola* et par le *parti prêtre*, c'est-à-dire, et je le répète, par les mauvais prêtres, ainsi que l'a si bien défini un illustre écrivain (1), qui est présentement en butte aux sarcasmes des partisans corrompus ou imbéciles des jésuites et de ce parti prêtre, qui n'aiment à prêcher la foi qu'entourés de hallebardes.

C'est de la *charité chrétienne* qu'émanent toutes les bonnes actions, et qui, dans le catholicisme, sont sanctionnées par la croyance aux dogmes et aux mystères. C'est la *charité* qui accorde à tous les hommes une entière liberté de conscience. C'est la *charité* qui défend aux fanatiques de persécuter, d'emprisonner, de ruiner, d'égorger ou de brûler vif quiconque ne peut croire aux mira-

____

(1) M. le comte de Montlosier.

cles, ou à tel ou tel mystère, ou à telle ou telle religion révélée. C'est la *charité* qui, toute éplorée, s'efforce de désarmer la frénésie religieuse, lorsque celle-ci présente en l'air son poignard menaçant, et qu'elle s'écrie avec fureur : *Crois, ou je te tue.*

Cette *charité céleste* constitue sur terre la vraie morale politique, religieuse et particulière. Car ce n'est qu'à la *charité*, et, ce qui est la même chose, à l'amour du prochain, qu'est réservé l'honneur d'enchaîner les deux monstres les plus cruels : je veux dire le fanatisme et la superstition.

Ne faites pas à autrui ce que vous ne voudriez pas qui vous fût fait. Ce précepte du christianisme, foudroie toutes les inquisitions religieuses et politiques.

Tel est le bienfait de la morale évangélique. Cette morale a existé de toute éternité, parce que c'est Dieu qui l'a créée. Des philosophes de tous les tems, de tous les pays et de toutes les religions, nous l'ont transmise constamment depuis la plus haute antiquité. Cette morale a traversé plus de quarante siècles, jusqu'à l'époque où Jésus-Christ est venu l'annoncer aux hommes; mais les pharisiens de

son tems le firent crucifier, et si le fils de Dieu
revenait habiter sur terre, les pharisiens de
notre époque, c'est-à-dire les jésuites et le parti
prêtre ultramontain, qui sont catholiques sans
christianisme, et qui ont la *charité* en horreur,
le crucifieraient de nouveau, il n'en faut pas
douter. En effet les faux dévots et les *tartufes*,
qui ont continuellement les noms de religion
et de morale dans la bouche, méconnaissent
la *charité*, la méprisent et la foulent indigne-
ment à leurs pieds en refusant de la pratiquer.

 La foi qui est un don de Dieu n'est rien sans
la *charité*, a dit *St-Paul.* Or, par la *charité*,
on entend le *christianisme*, et par la *foi*, le
catholicisme, d'où il résulte que le *catholicisme*, sans le christianisme, n'est rien, abso-
lument rien.

*Si linguis hominum loquar et angelorum, —
caritatem autem non habeam, — factus sum
velut œs sonans aut cymbalum tinniens.*

*Si habuero prophetiam et noverim mysté-
ria omnia. . . . . . Et si habuero omnem fi-
dem ita ut montes transferam, caritatem
autem non habuero, nihil sum. — Caritas pa-
tiens est, benigna est, non est ambitiosa. —
non quærit quæ sua sunt, — non irritatur.*

— non cogitat malum, — non gaudet super iniquitate, — omnia suffert, — omnia credit, . . . — Nunc autem manent, fides, spes, caritas, tria hæc, — major horum est caritas. (Ep. I. S. Pauli ad Corinth. cap. XIII).

» Si j'ai le don des langues et si je parle le
» langage des anges et que je n'aie point la
» charité, je ne suis que comme un airain
» sonnant, ou une cymbale retentissante, —
» Quand j'aurais le don de prophétie et que
» je pénétrerais tous les mystères, — quand
» j'aurais encore *toute la foi possible*, jus-
» qu'à transporter les montagnes ; si je n'ai
» point la *charité*, je ne suis rien. — La
» *charité* est patiente, — elle est bienveil-
» lante, elle n'est point ambitieuse, elle ne
» cherche point ses propres intérêts, — elle
» ne s'irrite de rien, — elle n'a point de
» mauvais soupçons, — elle ne se réjouit
» point de l'injustice. La *charité tolère* tout,
» — elle croit tout. — *Or*, ces trois vertus,
» *la foi, l'espérance* et la *charité*, demeurent ;
» mais la *charité* est la plus excellente de
» toutes. » (*Ibidem.*)

N'a-t-on pas lieu d'être étonné que ce passage des épîtres de Saint-Paul, l'apôtre le plus

zélé du christianisme, n'ait obtenu jusqu'à présent, au sujet de cette citation, qu'un silence affecté de la part de ceux qui veulent le catholicisme sans christianisme, c'est-à-dire, sans se soumettre à la pratique des préceptes de l'Evangile qui commandent la charité. On n'a jamais vu les *inquisiteurs*, ni les *jésuites* leurs dignes héritiers, ni le *parti-prêtre*, qui presque toujours fit cause commune avec les disciples de Loyola ; on ne les a jamais vus, dis-je, faire usage dans leurs sermons ou dans leurs écrits, de ce passage si important, pour repousser les sanglantes exécutions religieuses ; ils ont toujours au contraire réclamé en leur faveur, les terreurs inquisitoriales et toutes les horreurs de l'intolérance.

Ce silence si affecté par tous les théologiens, n'est-il pas désapprobateur et injurieux envers un écrivain sacré dont les écrits sont inspirés ? Il faut que ce soit un militaire qui, déposant l'épée, soit obligé de se présenter avec une plume à la main, pour affronter les poignards aiguisés du fanatisme religieux ; il faut qu'il fasse ressortir, non sans péril, les conséquences incontestables d'une citation, qui semble tellement méconnue et oubliée, qu'on la croirait le fragment d'un ancien manuscrit retrouvé.

J'ai dit : *non sans péril,* car avec les fanatiques, plus on a raison et plus le danger augmente. L'*ultima ratio* des jésuites et du parti prêtre sont les coups d'autorité, en attendant des condamnations inquisitoriales et des assassinats juridiques. Demandez-le plutôt à ces académiciens qui viennent d'être si sévèrement punis, pour délit d'outrage à la morale des intérêts ; et pour avoir eu l'audace d'obéir à leur conscience, dans la lutte des lumières contre les ténèbres. Quant à moi, ne suis-je pas exposé à cette formule terrible des réquisitoires, mais qui depuis quelque temps est devenue trop bannale, d'exciter le *mépris,* la *haine* et *l'outrage* contre tout ce qu'il y a de plus sacré et de plus digne de nos profonds respects, savoir : contre le souverain, contre son gouvernement, contre la personne de ses ministres, contre la religion de l'état, contre les prêtres, contre les ministres de tous les cultes religieux soldés par l'état, et enfin contre la morale.

Cette cathégorie d'accusations réquisitoriales, ne forme-t-elle pas une batterie imposante, composée de terribles bouches à feu do tout calibre ? Qui oserait se flatter de ne pas y succomber, quand ces formidables batteries se trouvent si bien servies par d'habiles artilleurs, l'élite de la jeune et intrépide magistrature, si distinguée par de grands talens, par une foudroyante éloquence, et qui, dévouée au plus haut degré, est enflammée de la noble ambition que leur inspire l'espoir de conserver un emploi lucratif, mais amovible, et d'obtenir un avancement certain.

Doit-on croire qu'aussitôt la réussite du projet de loi, non de répression, mais d'anéantissement de la presse, les *jésuites* et le *parti-prêtre* ordonneraient impérieusement aux ministres d'état, la présentation d'une loi pour punir *l'outrage à la morale des intérêts;* cette loi est véritablement indispensable, comme complément nécessaire pour anéantir la librairie, pour éteindre les lumières et pour consolider à jamais l'influence si salutaire du *jésuitisme* et de *l'ultramontanisme.*

Il faut en convenir, l'infâme *Compagnie de Jésus*, si mal dénommée, est frappée d'effroi en voyant son règne menacé d'être définitivement anéanti par les constitutions, par les chartes, par les cortès, et principalement

encore par l'avènement des lumières. Elle
s'indigne et s'irrite du progrès des sciences,
bien persuadée que la religion catholique,
sans christianisme, ne peut se propager
qu'en faisant escorter ses missionnaires par
des gendarmes; ni se maintenir plus long-
temps, qu'en excitant des persécutions contre
ses adversaires; ni enfin s'établir solidement,
qu'en replongeant les peuples dans les ténèbres de l'ignorance et de la barbarie, et en les
gouvernant par la crainte, par la terreur, par
l'inquisition et par les supplices.

Quelques commentateurs du passage précité,
de la première Épitre aux Corinthiens, de l'a-
pôtre saint Paul, se sont contentés d'en faire
à peine mention ou de l'expliquer d'une manière vague, afin d'en affaiblir le véritable
sens, qui est essentiellement contraire à l'intolérance religieuse si inhumaine; afin de
détourner les fidèles de cette pratique si
pure et si simple de la charité chrétienne et
évangélique; de les égarer ensuite par des sophismes captieux; de les entraîner dans les voies
tortueuses et immorales du fanatisme intolé-
rant, qui provoque tous les crimes, qui excite
à les commettre, sans remords, sans répu-

gnance, mais sous le spécieux prétexte des intérêts de la religion et de ceux de l'état, qu'ils confondent malignement ensemble, et avec la mauvaise foi la plus manifeste.

Jamais on n'a vu ni les jésuites, ni des prêtres, ni les théologiens en général, et sans exception pour ainsi dire, que je sache, aborder franchement la question concernant la distinction qui existe entre la foi et la charité, et citer avec fidélité ce passage si imposant de l'apôtre *Saint Paul*, sur la différence que ce saint personnage a établi entre ces deux sublimes vertus.

Ne pourrait-on pas expliquer cette conduite frauduleuse, en soupçonnant que le jésuitisme, qui exerce aujourd'hui une si funeste influence, en politique comme en morale et en religion, n'ait adopté sur saint Paul une certaine opinion, qui tend à calomnier l'illustre écrivain sacré, dont nous venons de mettre en évidence la doctrine révérée.

Cette allégation, soutenue par des malveillans, par des sectaires, par des schismatiques et des hérétiques, consiste à attribuer à Saint Paul les opinions les plus contradictoires, en politique comme en religion. Il est accusé de

soutenir tour-à-tour dans ses écrits le déisme,
le polithéisme, le manichéisme, le matérialisme,
le judaïsme, l'idolâtrie, la tolérance et l'intolérance, ainsi que le système du pouvoir
absolu en faveur des rois, et de la liberté en
faveur des peuples.

Voici, assurément, une accusation qui, si
elle était fondée, ouvrirait un vaste champ
à la discussion, pour justifier toutes les opinions politiques et religieuses les plus op-
posées. Si la vraie religion y trouve les principes de la morale chrétienne la plus pure,
toutes les sectes démoralisées, telle que la secte
du jésuitisme, ainsi que l'ultramontanisme catholique, sans christianisme, dont la principale
hérésie régicide, consiste à vouloir asservir
dans ce bas monde les *couronnes* à la *thiare*,
y pourraient également revendiquer, en faveur
de leurs principes corrompus, l'appui de l'autorité du grand apôtre. Or, les jésuites et ceux
qui approuvent et mettent en pratique les
principes religieux et politique les plus erro-
nés, trouvent ainsi, dans les écrits de l'apôtre
des Gentils, des opinions qu'ils croient susceptibles de justifier leurs principes, et de
venir à l'appui des opinions de leurs casuistes

(45)

relâchés. Il n'y aurait plus rien d'étonnant, qu'ils aient fait grâce à cet apôtre du christianisme, sans lui garder rancune, de s'être exprimé d'une manière trop précise et trop énergique, en prononçant d'un ton imposant, que *la foi sans la charité, n'est rien*, NIHIL. En effet, il compare la foi au son d'une cloche ou d'une cymbale retentissante : *velut æs sonans, aut cymbalum tinniens.*

Ce passage de *Saint Paul* est pourtant la base fondamentale de la divine morale chrétienne et évangélique qui, cependant, est aujourd'hui constamment outragée par une foule de théologiens corrompus et intolérans, qui voudraient faire tomber le feu du ciel pour foudroyer leurs adversaires, ainsi que l'a dit St. Luc : *Domine, vis dicimus ut ignis de cœlo descendat et consumat illos ?* (*S. Lucas* Cap. IX, Vers. 54). Mais J.-C. les réprimanda, *increpavit illos dicens : nescitis cujus spiritus estis — filius hominis non venit animas perdere sed salvare.* (Ibidem, Vers. 55 et 56.)

« Jésus leur fit une réprimande et leur dit :
« Vous ne savez à quel esprit vous êtes appelés
« (*l'esprit de l'Evangile*); le fils de l'homme
« n'est pas venu pour perdre les hommes, mais
« pour les sauver.» (*S. Luc. ibidem.*)

Il est évident que, dans ce passage, le feu du ciel représente l'inquisition, que les disciples de Jésus-Christ, qui n'étaient pas encore assez éclairés de la grâce divine, avaient déjà une *tendance* à vouloir établir dès ces premiers tems ; mais aujourd'hui c'est bien envain que le fils de Dieu ordonne de pratiquer la *charité évangélique*, et de traiter le prochain avec douceur ; les jésuites et les mauvais prêtres ne cessent d'irriter les gouvernemens contre les peuples, et de persuader aux souverains, d'effrayer leurs sujets par des *rigueurs salutaires*, de décréter des lois arbitraires et tyranniques, et de rétablir des tribunaux d'inquisition. Ce parti anti-chrétien et dominateur, pénètre jusque dans le cabinet des rois et des ministres ; il en extorque des mesures inquisitoriales, ainsi que des faveurs et des sommes immenses et ruineuses pour l'état, afin de solder le système théocratique. Mais en échange, il promet aux uns de les maintenir dans la jouissance du pouvoir absolu, et il accorde aux autres sa haute protection, sous la condition d'une obéissance aveugle, et en leur ordonnant d'introduire le principe de l'absolutisme dans l'administration et dans les projets de loi.

Où en serions-nous, grand Dieu ! mon cher colonel, si les lois proclamaient l'injustice, l'arbitraire et la spoliation des propriétés? Mais, du moins, nous devons espérer de ne pas arriver à ce haut degré de corruption, et vous pouvez croire, en ce qui vous concerne, que l'arrêt qui vous condamne si injustement sera cassé, principalement pour cause de fausse application de la loi, sans compter les autres motifs qui pourraient dériver d'un défaut de forme.

Tant qu'un arrêt est susceptible d'être annulé, il est bien permis à celui qui y est intéressé, de croire que cet arrêt est injuste et même de pouvoir le dire. Ce n'est pas manquer de respect envers les tribunaux, lorsqu'on soutient que des magistrats ont pu se tromper, dans une cause qui n'est pas jugée en dernier ressort. Des juges ne sont-ils pas tous les jours exposés à commettre des injustices, involontaires sans doute, soit par ignorance, soit faute d'avoir été suffisamment éclairés par les défenseurs des parties? ne sont-ils pas excusables, quand, d'ailleurs, il est bien prouvé qu'ils sont inaccessibles à l'influence corruptrice de la morale des intérêts; de cette morale infâme et jésuitique, qui est si répandue aujourd'hui èt surtout parmi les congréganistes , qui s'avilissent , toutes les fois qu'ils mentent à leur propre conscience.

Il est donc prouvé qu'un magistrat intègre est exposé, sans le vouloir, à commettre une injustice. Il suffit pour s'en convaincre , de réfléchir que des juges en nombre impair, se divisent souvent entr'eux, dans leurs opinions, lorsqu'ils doivent prononcer sur la fortune , la liberté et la vie des citoyens. Leurs votes se trouvant ainsi partagés, il en résulte une majorité en opposition à une minorité. C'est à regret qu'il faut en convenir, ce dissentiment, inévitable parmi les juges, produit tout à la fois des décisions justes et injustes, et placent en regard la justice et l'injustice, jusque dans le sanctuaire des lois. N'est-il pas évident en effet, que si la majorité prononce un jugement équitable, les votes de la minorité auraient immanquablement consacré une injustice, si ces votes eussent prévalu ? Les mêmes reproches peuvent être également adressés à la majorité des juges, lorsque leur arrêt a été annulé par la Cour de cassation, pour *fausse application de la loi* ; ou, lorsqu'ayant été cassé pour *dé-*

faut de forme, l'arrêt étant renvoyé à une autre Cour royale, pour discuter le procès, quant au fond, se trouverait une seconde fois jugé et le prévenu acquitté.

Le gouvernement, dans sa haute sagesse, a donc senti la nécessité d'établir, par le ministère même des magistrats, une progression de surveillance mutuelle, confiée aux différentes cathégories de la magistrature. Il en résulte que les cours royales sont aux tribunaux de première instance, ce que la cour de cassation est aux cours royales. Ce mode de surveillance, ou plutôt de révision, tend à corriger et diminuer les injustices inévitables, qui ont lieu dans les divers tribunaux. Je ne dis pas par corruption ou par esprit de parti, mais par l'ignorance des juges, faute de n'avoir pas été suffisamment éclairés par les avocats.

Les tribunaux de première instance, les cours royales et la cour de cassation, jouissent, il est vrai, de cette indépendance qui doit caractériser la magistrature; on doit bien s'imaginer que je n'entends point parler du ministère public, dont les emplois amovibles rendent ceux qui en sont pourvus essentiellement

dépendans et asservis à la morale des intérêts,
ainsi que aux ordres absolus, de ceux qui
peuvent les révoquer à volonté. Il n'est donc
ici question que des magistrats chargés de
rendre la justice.

Quel est celui qui oserait assurer, sans craindre d'être démenti, que l'indépendance des
magistrats soit entièrement à l'abri de toute
espèce d'atteinte. Je m'abstiendrai, sans doute,
de démontrer le contraire. Il y aurait d'autant
plus d'inconvénance d'aborder cette question,
qu'elle m'entrainerait inévitablement à publier des personalités offensantes, et à dire des
vérités qui déplairaient au pouvoir toujours
prêt à se venger.

Quoiqu'il en soit de ce que je viens d'avancer, les tribunaux de première instance, sont
généralement moins indépendans que les cours
royales, dont l'indépendance est, à son tour,
d'un degré inférieure à celle de la cour de cassation. Cette cour supérieure à tous les autres
tribunaux de magistrature, est en effet composée, en grande partie, d'anciens magistrats
jurisconsultes profonds et éclairés par une
longue expérience. Ils sont ordinairement

exempts de ce sentiment d'ambition qui tourmente tous les hommes. Ils n'ont d'autre désir,
que de terminer leur carrière honorable, dans
l'auguste tribunal où depuis longtems ils aspiraient de parvenir.

Vous allez donc comparaître, mon cher colonel, devant ce tribunal suprême, dont
l'indépendance sans être parfaite, vous offre
néanmoins une garantie suffisante de la justesse
de ses décisions à votre égard. L'arrêt du 26 décembre dernier qui vous condamne, sera cassé
et annulé pour cause de fausse application de
la loi; vous n'avez pas à craindre de voir votre
procès renvoyé à une autre cour royale, pour
être de nouveau jugé quant au fond. La saisie
du livre que vous avez imprimé sera levée;
car il répugne au bon sens, et à la raison, de dire que le fragment non falsifié d'un
excellent livre, soit déclaré dangereux et nuisible à la religion ou à l'état. Toutes les allégations et tous les sophismes ne pourront
jamais le démontrer; ils ne peuvent en imposer,
qu'à des ignorans imbécilles, asservis à des
préjugés invincibles.

Vous pourrez encore, mon cher colonel,
vous prévaloir auprès de la cour de cassa

tion, des éminentes qualités, qui distinguent
les conseillers de la minorité qui, dans la cour
royale, étaient d'un avis contraire à la majorité des autres conseillers qui vous ont si
illégalement condamné. Cette majorité se
composait à peine de dix à douze conseillers, qui se laissèrent entraîner par un zèle
peu éclairé, mais qu'on n'ose blâmer. La
pureté de leurs intentions religieuses, leur
sert d'excuse; cependant, plusieurs d'entre
eux ont déjà reconnu leur faute par un vif regret d'avoir outre passé leurs devoirs comme
juges et comme laïques. Comme juges, pour
avoir fait une fausse application de la loi; et
comme laïques, pour s'être arrogé une juri-
diction spirituelle à laquelle il n'ont pas droit;
savoir, de scruter la conscience d'un prévenu,
non pour l'absoudre, mais pour le perdre, sur
de leur simple allégation, et ainsi que je l'ai
jà dit, de n'avoir pas agi en vrais chrétiens,
puisqu'ils ont voulu favoriser le catholicisme
en offensant le christianisme, et qu'ils ont ou-
tragé la morale évangélique en manquant de
charité.

Les erreurs excusables de ce petit nombre
de juges, ne peuvent faire tort à la grande

renommée que la Cour Royale de Paris s'est
acquise à si juste titre. Ne s'est-elle pas encore naguère, élevée au-dessus des passions hai-
neuses qui provoquaient impérieusement des
peines aussi sévères qu'elles étaient injustes ?
Toujours on a vu cette Cour, qui commande
le respect et la vénération, s'associer à la pro-
bité publique, contre les efforts de l'esprit de
parti, qui ne tend qu'à porter le trouble dans
l'ordre social.

La Cour Royale de Paris mérite donc d'a-
voir pour chef le grand magistrat qui la pré-
side, et que l'opinion publique, qui n'est pas
celle de Montrouge, voudrait voir aujour-
d'hui à la tête de la Magistrature.

C'est de ce personnage qu'un de nos meil-
leurs poëtes modernes (1) a dit avec tant de
justesse.

> L'héritier des Séguiers, digne enfin de ses pères,
> Porte aux pieds de son Roi, des vérités sévères,
> Et bravant les clameurs des congrégations,
> Oppose la justice, à leurs délations.

____

(1 *Voyez pag.* 12 de l'Epître aux chiffonniers, sur
les crimes de la presse, par S.-P.-G. VIENNET; in-8°.

(54)

Les hommes de cette trempe, inspirent la confiance nationale, car plus ils sont elevés en dignité , et plus ils conservent le sentiment de leurs devoirs. Ils sont disposés à sacrifier leurs intérêts particuliers pour la chose publique, plutôt que de transgresser les lois ou d'offenser la justice, qui ont des règles invariables.

Quant à la minorité qui voulait vous absoudre, il n'est pas inutile à votre cause, mon cher colonel, qu'on sache qu'elle était composée de magistrats les plus éclairés et les plus savans en jurisprudence; ils étaient aussi les plus courageux, car ils se sont créé une véritable indépendance, qui repousse cette honteuse et jésuitique morale des intétêts, qui toujours a avili ceux qui, en s'y soumettant aveuglément, s'exposent à mentir à leur conscience.

Ces braves magistrats, intègres et indépendans, se glorifient dans ce procès, de compter en tête de leurs votes, cet l'illustre premier

Paris, 1827. Chez *Ambroise Dupont*, rue Vivienne, n° 16.

président, digne héritier du nom et des vertus
du célèbre chancelier de France Séguier (1),
autrefois si distingué, par un grand courage ,
par un mérite éminent, comme jurisconsulte
et homme de lettres, par un dévouement sans

----

(1) *Pierre* Séguier, chevalier, duc de Villemor,
etc., né l'an 1688, chancelier de France et garde-
des-sceaux. Il fut toute sa vie, le Mécénas, l'asile et
le protecteur des savans. L'une de ses filles, *Charlotte
Séguier*, duchesse de Sulli, épousa *Henry de Bour-
bon*, duc de Verneuil, pair de France, fils du grand
roi Henri IV et de *Catherine Henriette de Balsac*, fille
de François de Balsac, seigneur d'Entraigues, de Mar-
coussis, etc. et de Jacqueline de Rohan; issu de l'an-
cienne et noble maison des vicomtes de Balsac, con-
nus dès l'an 814, sous le règne de Louis-*le-Débonnaire*.
Cette alliance explique les témoignages d'affection
dont le roi Louis XV, honorait Antoine-Louis Séguier,
avocat-général, conseiller-d'état et membre de l'Aca-
démie française. Ce monarque l'appelait par bien-
veillance *son parent*. Il l'avait nommé *chancelier de
France et garde-des-sceaux*; mais le premier ministre,
duc de C., empêcha l'effet de cette nomination. (Voy.
la Biographie de Michaud, in-8°, t. XLI, page 467,
Paris, 1825.) Cet illustre avocat-général eut pour fils
aîné *Ant.-J.-Math.* Séguier, pair de France et aujourd'hui premier président de la Cour royale de Paris

borne pour la personne de son roi ; et ce sentiment est héréditaire dans la famille des Séguier.

Voilà, mon cher colonel, ce que j'avais à
vous écrire dans l'intérêt de votre pourvoi.
Faites de ma lettre imprimée à votre insçu,
l'usage que vous jugerez à propos; mais surtout
engagez votre avocat à ne pas négliger le moyen
défense que je viens de vous indiquer. Ce moyen
est fondé sur certaines considérations géné-
rales, religieuses et politiques; car, pour les
autres moyens de défense, qui ont servi pour
éclairer votre cause, personne mieux que vous
même, ne les a développés d'une manière plus
lumineuse et avec autant de noblesse; tout ce
que je voudrais y ajouter, paraîtrait trop faible
à côté de vos éloquens mémoires. Vous auriez
pu triompher par vous même; mais que peut-
on espérer, lorsqu'on parle à qui ne veut pas
écouter le langage de la raison; cependant je
ne veux pas dire, que vos juges aient été es-
claves de leurs propres préjugés, ou trop dé-
voués aux injonctions de ceux auxquels ils
craignent de déplaire, et dont ils auraient reçu
d'avance le mot d'ordre.

Quoiqu'il en soit, mon cher colonel, je me

plais également à rendre ici justice, aux grands
talens de vos défenseurs qui sont, à mon égard,
à une trop grande élévation pour que je puisse
les juger; je me permettrai néanmoins de dire,
qu'ils auraient dû encore mieux vous défendre, tant au tribunal de première instance
qu'à la Cour Royale. Si je m'exprime ainsi ce
n'est pas sur la manière dont ils ont plaidé, que
je veux exercer une critique déplacée; tout ce
qu'ils ont dit, a été parfaitement bien dit et
ne laisserait rien à désirer ; mais il est un
point important qu'il n'ont fait qu'indiquer
et que je regarde comme la clé de toute la
procédure dans votre cause. C'est ce que j'ai
essayé d'exposer dans le courant de cette lettre, mais avec le regret de me trouver au-
dessous du sujet que j'ai voulu traiter. Vos
défenseurs avaient assez de talent, pour aborder, même en présence des tribunaux, et
avec toutes les convenances nécessaires, ce
sujet si difficile et si délicat. Ils auraient dû
toucher cette partie sensible, la plus irritable
et la plus dangereuse de votre procès. Ce n'est
qu'en sondant jusqu'au vif les ulcères les plus
invétérés, qu'on parvient quelquefois à les
guérir; c'est donc faute d'avoir employé ce

grand moyen, que vos juges n'ont pas été suffisamment éclairés, sur leurs devoirs et sur leurs
pouvoirs, car ils en ont méconnu les limites.

Vos défenseurs, malgré la réputation dont
ils jouissent à si juste titre, n'ont pas saisi ni
discuté votre cause dans ce véritable point de
vue tel que je viens de le signaler. Ils n'ont
pas assez hardiment abordé l'état de la question; ils n'ont pas fait assez sentir que votre
procès vous a été suscité par l'exigeance d'un
parti formidable, qui exerce aujourd'hui une
influence générale; cette influence n'est que
trop reconnue, et elle se propage jusques dans
les tribunaux, pour s'y procurer des juges
d'une opinion conforme aux volontés de ce
parti dominateur.

Ce parti qui est aujourd'hui dévoilé par un
si grand nombre d'écrivains célèbres, voudrait insensiblement introduire dans la législature française, à la faveur d'une septennalité
impure et illégale, les principes de l'inquisition religieuse et théocratique, c'est-à-dire
ceux de l'injustice la plus tyrannique, de la
spoliation la plus arbitraire et avec le droit de
commettre juridiquement des crimes, sous le

spécieux prétexte de l'intérêt de la religion
et pour la gloire de Dieu.

L'arrêt du 26 décembre dernier, qui vous
condamne, mon cher colonel, est la preuve
de ce que je viens d'avancer. Il est empreint
de ce principe inquisitorial qui, aujourd'hui,
perce de toute part. Cet arrêt est donc le prélude et comme l'avant-coureur de l'inquisition religieuse, en attendant que ce tribunal
anti-chrétien soit consacré par des lois de
sang. Oui! des lois de sang, et nous en
sommes réellement menacés; témoin la loi du
sacrilège. Il n'y a pas déjà si longtems qu'exis-
tait l'inquisition des clubs jacobins; de ces
clubs anarchiques où pullulaient, en si grand
nombre, tant de congréganistes révolution-
naires, qui n'étaient que des jésuites déguisés,
secondés par leurs partisans corrompus; ils
s'attelaient tous avec fureur au char de la ré-
volution, non pour le faire avancer, mais
pour le culbuter. C'est à cette époque qu'on vit
sortir des prisons une foule de victimes, pour
marcher à l'échafaud, ou pour être déportées.

Ne sait-on pas qu'il y a analogie parfaite
entre ces clubs jacobins et les clubs jésuitiques

d'aujourd'hui , également anarchiques et altérés de la soif du sang et des richesses. Les uns
et les autres se propagèrent et se propagent par
des congrégations destinées à enrégimenter tous
les citoyens ; les uns et les autres professaient et
professent, les principes inquisitoriaux les plus
tyranniques ; les uns et les autres, cherchaient à
corrompre et cherchent aujourd'hui à séduire
les tribunaux ; les uns et les autres, pronon-
çaient et prononcent encore aujourd'hui la
confiscation des biens. Cette confiscation se re-
nouvelle présentement, au moyen du timbre et
des amendes multipliées ; mais les uns et les
autres se sont fait proscrire et se feront chas-
ser, en mettant le comble à leurs iniquités et à
leurs crimes. Puissent les jésuites être igno-
minieusement repoussés avant d'être réhabili-
tés ; car si ils causent tant de troubles en s'in-
troduisant et en se maintenant audacieusement
en France, en dépit des lois du royaume, de
quels maux et de quelles vengeances ne se-
rions nous pas accablés , s'ils parvenaient à y
avoir une existence légale, et à soumettre à leur
influence toutes les autorités sans exception ?

Quant à vous, mon cher Colonel, quoique

déjà victime de la faction envahissante et dé-
prédatrice des jésuites et du parti prêtre ultramontain, il faut vous armer de courage et
d'espérance, et vous persuader que, si la Cour
de cassation est effectivement indépendante,
elle ne s'avilira pas jusqu'à approuver et à propager des principes et des actes inquisitoriaux
si tyranniques, dont l'effet serait si funeste
et si anti-social.

« La Cour suprême de cassation, connaît tous
les dangers de l'envahissement du sacerdoce.
Cette Cour n'est pas assez étrangère à la politique, pour ne pas s'apercevoir de toutes les
intrigues et de tous les efforts du parti apostolique français, qui voudrait fonder, sur des
bases inébranlables, une monarchie théocratique ultramontaine et universelle, dont tous
les royaumes de la chrétienté ne seraient que
les provinces. Tout français dévoué à son roi
et à sa patrie doit s'opposer à une dégradation
aussi honteuse, et contribuer, en ce qui le concerne, à en préserver la France, déjà trop as-
servie au *parti-prêtre*. Tout bon citoyen doit
former des vœux pour déjouer une ligue si
contraire aux principes du christianisme, si

déjà victime de la faction envahissante et
immorale, si formidable, et pour laquelle les
crimes de toute espèce n'inspirent ni remords,
ni répugnance.

Il est donc bien nécessaire, dans votre intérêt, mon cher colonel, de persuader à votre
avocat, de faire ressortir les rapports religieux
et politiques qui existent en faveur de votre
cause, et qui peuvent vous procurer le gain de
de votre procès. Il doit dire hardiment,
mais respectueusement, à MM. les conseillers de
la Cour de cassation en s'exprimant en ces termes: « Non, Messieurs ! vous ne pouvez vous
» dispenser de casser un arrêt injuste, parce
» qu'il y a fausse application de la loi.
» Il a été rendu contre un délit idéal. Ce
» délit n'existant pas, l'arrêt qui le con-
» damne est comme non avenu. Malheur à la
» France, si vous veniez à confirmer un pareil
» jugement. Vous établiriez par là, un principe
» inquisitorial. On pourrait donc dorénavant,
» prononcer des condamnations arbitraires
» sans preuves, pour des péchés par *pensée* et
» par *omission*. Grand dieu ! ce principe n'est-
» il pas l'avant-coureur de l'inquisition ?

S'il est superflu, de ma part, de vous recom-

mander, comme une chose utile, de tâcher aussi
de découvrir si, dans le jugement, il y aurait des
défauts de formes dans la procédure, je répé-
terai, par excès de zèle, que le plus essentiel
est de s'attacher à démontrer que le délit qui
vous a été imputé est nul, qu'il n'a été ni
constaté, ni prouvé, et qu'il n'était pas même
de nature à l'être; que d'ailleurs il n'existe encore, en France, aucune loi inquisitoriale qui
punisse les péchés contre la foi et l'incrédu-
lité aux mystères et aux miracles, surtout,
lorsque ce manque de foi n'est manifesté par
aucune parole, ni par aucune production
écrite ou imprimée et publiée.

On remarque en effet, avec surprise, dans
votre procès, mon cher colonel, que, sans
avoir rien fait, rien dit, rien écrit, ni rien fait
imprimer ou publier qui puisse caractériser un
délit, de l'aveu même de vos juges, ceux-ci
vous ont néanmoins condamné pour un crime
idéal, par pensée et par omission, qu'ils
vous ont si charitablement imputé. Votre
avocat concluera donc avec confiance, en
suppliant la Cour de cassation.

1º De casser et annuler l'arrêt qui vous a condamné indûment par une fausse application de la loi;

2º De vous acquitter pleinement, en vous renvoyant de l'accusation;

3º De lever la saisie de votre Évangile, et de vous en faire rendre les exemplaires;

J'ai l'honneur etc.

LE BARON D'HENIN DE CUVILLERS.

Paris le 2 février 1827.

9 782013 564281